Dosenzauber

BOOKS on DEMAND

Monika Rosendahl

Dosenzauber

Tolle Hüllen für BEBA®-Säuglingsnahrungsdosen

Bibliografische Information der Deutschen Nationalbibliothek:
Die Deutsche Nationalbibliothek verzeichnet diese Publikation
in der Deutschen Nationalbibliografie; detaillierte bibliografische
Daten sind im Internet über http://dnb.dnb.de abrufbar.

© 2014 Monika Rosendahl

Anleitung & Idee: Monika Rosendahl
Text & Bilder: Monika Rosendahl
Design & Layout: Nadja Schindler
Weitere Mitwirkende: Rose Richert

Herstellung und Verlag: BoD – Books on Demand, Norderstedt
ISBN: 978-3-7357-9375-1

Inhaltsverzeichnis

Vorwort

Sie haben ein Baby und ernähren es mit BEBA ® PRO ® PRE , NESTLE BEBA® PRO 1 oder NESTLE BEBA ® PRO 2 -Babymilchnahrung? Dann geht es Ihnen wie mir und vielen anderen Müttern weltweit. Und so ca. 1x die Woche haben Sie eine leere Dose. Die landet im Müll. Wird recycelt. Fertig.

Fertig?

Wie wäre es denn, wenn Sie die eine oder andere Dose weiter zu verwenden?
Ihrer Fantasie sind dabei keine Grenzen gesetzt!

Wie wäre es zum Beispiel:

- als Spielzeugdose für Stifte, Bausteine, Bügelperlen, Tierfiguren,
  für Knete, Scheren, Kleber....

- Als Reise-Spielzeugdose im Auto für längere Autofahrten

- als Keksdose für die angefangenen Packungen die so unschön dahin vegitieren

- Für die Belohnungsleckereien Ihres Haustieres

- Als Tischabfalleimer im Wohnzimmer / Esszimmer

- Für Kosmetik

- Nähutensilien

- Als originelle Geschenkverpackung für Kinderbekleidung,
  selbstgestrickte Strümpfe.... alles was reinpasst

- und so vieles mehr

Und was fällt Ihnen dazu ein?

Dieses Heft beinhaltet eine Schritt-für-Schritt Basis-Anleitung wie Sie ganz schnell und unkompliziert eine schöne Stoffhülle für ihre leere Dosen zaubern können.

Materialliste

Für die Grundvariante einer Hülle mit Griff benötigt man neben einer leeren Dose
NESTLE BEBA ® PRO 1 NESTLE BEBA® PRO 2 oder BEBA® PRO® PRE:

Benötigte Stoffgrößen für eine Dose
NESTLE BEBA® PRO 1 und NESTLE BEBA® PRO 2 mit 18cm Höhe:

- 1x/2x* 75 x 25 cm Länge x Höhe
- optional für den Griff 1x 23,5 x 9,5cm (Länge x Breite)

Für eine Dose NESTLE BEBA® PRO® PRE werden 2cm weniger
an Stoffhöhe benötigt, da diese Dosen 16,5cm hoch sind.

Weitere Materialien und Werkzeug:

- Nähmaschine
- Lineal und Maßband
- Stoffschere
- Zackenschere
- Gummilitze 0,5 – 0,7cm breit: ca. 35cm
- 2 Komponentenkleber
- optional für den Griff: 2 Knöpfe 1,5-2,5cm Durchmesser
- 1 kleines Reststück Vlieseline H250, 3 x 5cm

- ca. 10 Stecknadeln ohne Kunststoff/Glaskopf
- kleine Sicherheitsnadel (maximal 8mm breit)
- Bügeleisen
- passendes Nähgarn
- Nähnadel
- evtl. Kochlöffel zum Wenden des Griffes
- evtl. Applikationsvlies zur Stoffverstärkung bei
  dünnen,durchsichtigen Stoffen

** bei dünnen Stoffen, z.B. weißen Baumwollstoffen leichterer Quali-
tät, sowie für den Boden die Stoffe zweilagig verarbeiten oder einen
einfarbigen passenden Stoff als zusätzliche Unterschicht verwenden.*

Schnittmuster und Zuschneiden

Die Stoffe nach Möglichkeit vor dem Verarbeiten Waschen. Dies verhindert ein Einlaufen des Materials bei einer späteren Wäsche. Stark farbige Stoffe sollten von Hand möglichst mit 60° heißem Wasser vorgewaschen werden und, sofern sie stark ausbluten, mit Essig gespült werden um ein späteres Abfärben zu vermeiden. Die getrockneten Stoffe vorher bügeln.

Bitte vor dem Zuschneiden messen für welche Dosengröße (Höhe) die Hülle sein soll.
Es gibt inzwischen 2 Größen von BEBA®.

Für die Runden Schnitteile, den Boden und die Deckelverzierung, entweder die Dose als Schablone auf den Stoff setzen und die Nahtzugaben, bzw. das kleinere Maß für den Deckel von Hand einzeichnen, oder mit einem Zirkel 3 Kreise mit folgendem Durchmesser als Schablone auf Papier anfertigen:

- für den Boden: Ø 13cm + Ø 14,5cm
- für den Deckel: Ø 12cm

Alternativ können diese drei Schablonen kostenlos in meinem Online-Shop als pdf heruntergeladen und ausgedruckt werden. (schneckodil-shop.de / „kostenlos" / Dosenzauber-Bodenteile)

Den Boden mit der 14,5cm großen Schablone auf die linke Seite (die unbedruckte) des Stoffes aufzeichnen, und für die Nählinie die 13cm große Schablone mittig auflegen und einen zweiten Kreis auf das Bodenteil zeichnen.

Bei dünnen Stoffen den Stoff für den Boden doppelt legen.
Die zwei Schichten mit 3 Stecknadeln nicht zu dicht am Rand fixieren.

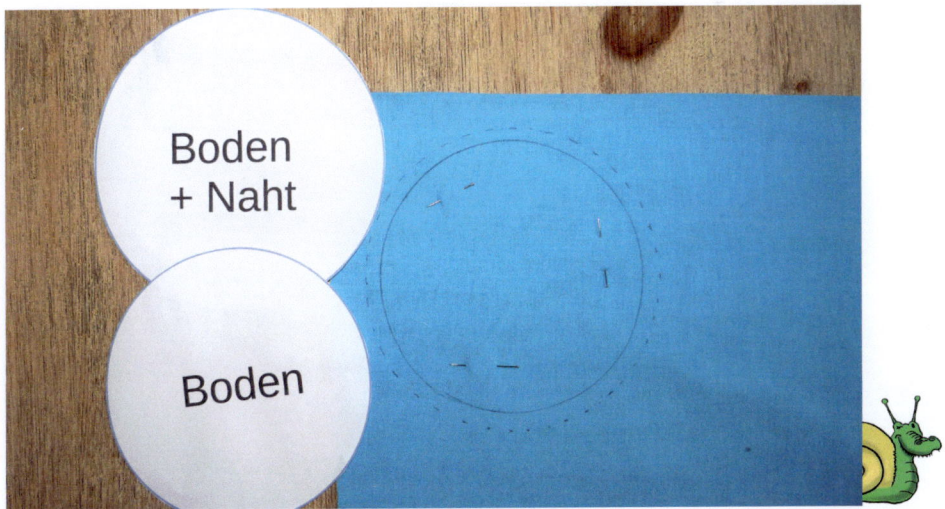

Den Deckel 1x mit der Zackenschere innerhalb der Kreislinie (Zackenschere so anlegen dass die innenliegenden Zacken an der Kreislinie anliegen und somit ein kleiner Rand zur aufgezeichneten Kreislinie verbleibt). Ist der Stoff für den Deckel sehr dünn, eine zweite Schicht mit Applikationsvlies aufbügeln und nach dem Erkalten mit der Zackenschere zuschneiden.

- für die Hülle: 43 x 22cm (Länge x Höhe) bei 18cm Dosenhöhe
  43 x 20,5cm (Länge x Höhe) bei 16,5cm Dosenhöhe
  die Nahtzugabe ist hier schon mit eingerechnet

Auch hier gilt:

bei sehr dünnen Stoffen, vor allem Weiß, den Stoff doppelt legen oder einen passenden, einfarbigen Stoff als Unterschicht ebenso zuschneiden.

- ist ein Griff gewünscht, ein Stoffstück in der Größe 23,5 x 9,5cm zuschneiden (Nahtzugabe inklusive).

Nähanleitung

1) Der Bodenkreis hat in ca. 0,75cm Abstand zur Außen-kante eine zweite Linie. Dies ist unsere Nählinie. Mit farblich passenden Nähgarn wird nun die Hülle an den Boden genäht.

Die Hülle mit der rechten (bedruckten) Seite nach oben vor sich legen. Das Bodenteil mit der Nählinie nach oben (somit liegt die rechte, bedruckte Seite auf der bedruckten Seite der Hülle) auf das Hüllenteil legen. Die Kreiskante bündig mit der langen Kante. Eine Stecknadel im Abstand von ca. 0,75cm zum Ende der langen Kante fixiert uns den Anfang und ist gleichzeitig Anfangs- und Endpunkt unserer Rundnaht.

Mit einem Steppstich in 3-4mm Größe nun langsam rundum auf der Nählinie nähen. Beim Nähen alle paar cm den Kreis an der langen Kante neu ausrichten, damit der Abstand zur Kante gewahrt bleibt und wir auf unserer Nählinie nähen können. Die Nadel beim Ausrichten im Stoff absenken, damit nichts verrutscht. Kurz bevor die Runde geschlossen ist, die 0,75cm Überhang hochklappen damit wir genau am Nahtanfang enden können. Nicht vergessen den Anfang und das Ende der Naht mit ein paar Rückstichen zu sichern!

2) Die Hülle mit dem Bodenteil nach links und den offenen Kante oben und rechts vor sich legen. Die offene Kanten nun aufeinander legen und mit Stecknadeln fixieren. Nun abmessen wieviel „Nahtzugabe" nach dem Einnähen des Bodens noch übrig geblieben ist. An der kurzen offenen Seite rechts von der Bruchkante nach oben 20,5cm abmessen und markieren. Jetzt vom Anfangs-/Endpunkt links mit dem Lineal eine gerade Linie nach rechts zu der Markierungsstelle 20,5cm einzeichnen. An dieser Senkrechtlinie nun absteppen. Die Steppnaht beginnt eine Stichlänge von dem Boden Anfangs-/Endpunkt und endet an der oberen, offenen Kante der Hülle. Nahtanfang und -ende sichern.

3) Die Nahtzugabe auf ca. 5mm zurückschneiden und mit Zick-Zack-Stich (Stichlänge 3-3,5) versäubern. Dabei nicht über die Stepplinie nähen! Nun erst die Nahtzugabe des Bodenteils ebenfalls auf 5mm zurückschneiden und mit Zick-Zack-Stich versäubern. Dabei die Zugabe der soeben versäuberten Senkrechtnaht auf eine Seite umklappen und beim Versäubern des Bodenteils mitfassen.

4) Nun die Hülle auf rechts wenden (bedruckte Seite außen). Die versäuberte Senkrechtkante zu der Seite bügeln auf der sie mit der Bodenkante vernäht wurde und in ca. 2mm Abstand zur Naht absteppen. Nahtanfang und -ende sichern.

 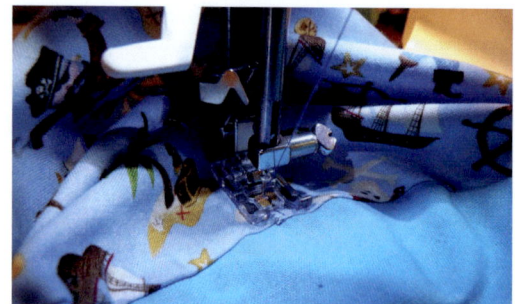

5) Die obere, offene Kante mit Zick-Zack-Stich versäubern (Stichlänge 3- 3,5).
Anschließend nur diese versäuberte Kante nach innen umschlagen und ca. 3mm vom Rand absteppen.

Die Hülle probeweise über die Dose ziehen und den Umschlag für den Gummitunnel abmessen. Die zukünftige Naht für diesen Tunnel sollte mindestens 2mm innerhalb der Dosenkante liegen damit der Deckel später richtig schließt. Bitte auch an die Breite der Gummilitze denken der später eingezogen werden muß.

die abgesteppte Kante nun entsprechend feststecken und absteppen. Ca. 1,5cm der Naht offen lassen um das Gummiband einziehen zu können. Nahtanfang/-ende sichern!

Ist kein Griff erwünscht geht es jetzt mit Schritt „11" weiter.

6) Soll ein Griff integriert werden nun die Hülle probehalber über die Dose ziehen, den übrigen Stoff oben nach innen schlagen und die Dose mit dem Deckel schließen. Jetzt wird der Griff genäht.

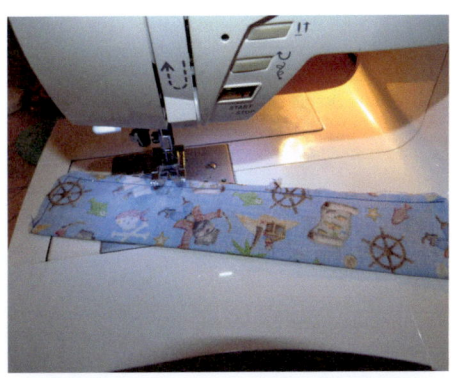

7) Den Stoff für den Griff der Länge nach so falten, dass die rechte (bedruckte) Seite innen liegt. Bei dünneren Stoffen evtl. von der linken Seite zur Verstärkung Vlieseline aufbügeln. Es näht sich einfacher, wenn man das Stoffstück kurz bügelt. Nun beginnend von der Faltkante im Abstand von ca. 0,75cm zum Rand (die Breite vom Standardnähfuß) entlang einer kurzen Kante und der langen Kante nähen. Zum Wechseln der Nährichtung die Nadel im Stoff stecken lassen und den Nähfuß anheben um den Stoff neu aus zu richten. Nähfuß senken, und weiter nähen.

Den Griff mit Hilfe der Schere oder eines Kochlöffelstiels wenden, so dass die bedruckte Seite nach außen kommt. An der kurzen offenen Kante nun ca. 0,75cm nach innen umschlagen und mit einer Stecknadel fixieren.

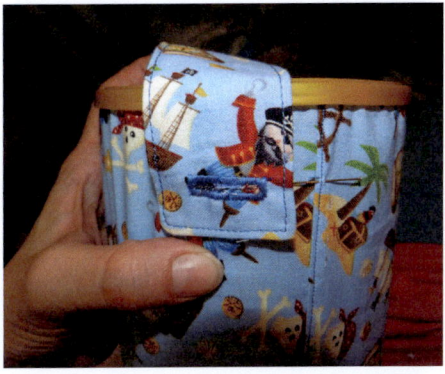

8) Jetzt fehlen noch die Knopflöcher. Ich habe bewusst Knöpfe und keine Druckknöpfe gewählt, da der Griff damit zum einen mehr trägt, und zum Anderen flexibler bleibt – er lässt sich herunterschieben. Den Durchmesser der Knöpfe ausmessen, die Knöpfe im Abstand von ca. 1cm zum Rand auf die Enden des Griffstückes legen und an der breitesten Stelle oberhalb und unterhalb des Knopfes eine Markierung auf den Stoff anbringen. Knopf entfernen und eine senkrechte Linie zwischen den Markierungen zeichnen.

9) Die meisten Nähmaschinen haben ein „Knopflochprogramm". Gerne kann mit diesem das Knopfloch gearbeitet werden. In der Regel geschieht das in 3 Schritten die ich hier erklären möchte. 1. Es wird „geriegelt", d.h. ein großer Steppstich auf der Stelle ausgeführt (das geht alternativ auch mit abgesenktem Stofftransporteur oder der Knopfannäh-Einstellung). Dann wird ein enger Zick-Zack-Stich (0,5 Abstand) entlang der späteren Knopflochöffnung genäht. 2. Das andere Ende wird „geriegelt". Dann erfolgt ein Steppstich rückwärts zum Anfangsriegel. 3. ein enger Zick-Zack-Stich wird wieder vorwärts vom 1., hinteren Riegel nach vorne zum 2. Riegel genäht. Fertig! Nun mit einer scharfen Schere vorsichtig den schmalen Streifen zwischen den Zick-Zack-Nähten aufschneiden.

Auch ohne Knopflochprogramm lässt sich mit dieser Erklärung leicht ein Knopfloch arbeiten. Bitte vorher mit einem Reststück ausprobieren welche Breite Eurer Sticheinstellung ihr für die Riegel (Steppstich auf der Stelle – oben und unten) sowie welche Breite und welchen Abstand ihr für den Zick-Zack-Stich benötigt. Notiert diese Einstellungen am besten hier im Heft für eine weitere, spätere Verwendung.

Gar nicht so schwierig wenn man weiß wie – oder?

10) Nun den fertigen Griff mittig und ohne Extraspielraum über unsere „angezogene" Dose legen und darauf achten, dass der Abstand auf jeder Seite zur Oberkante identisch ist. Nun durch das Knopfloch eine Markierung an der Hülle anbringen. Ich stecke dazu eine Steck-nadel durch das Knopfloch und ziehe den Griff vorsichtig über die Nadel wieder heraus ohne diese zu lösen.

Bevor nun die Knöpfe angenäht werden möchte ich empfehlen die Hülle an den Annähstellen mit Vlieseline H250 oder vergleichbarer Bügelauflage zu verstärken. Das verhindert ein späteres Ausreißen des Stoffes. Dazu die Hülle abziehen und vorsichtig auf links drehen. Zwei Quadrate im Durchmesser des Knopfes – oder etwas größer – zuschneiden und von der linken Stoffseite aufbügeln. Die Steck-nadeln helfen bei der Positionierung. Nun wieder wenden und die Knöpfe mit stabilem Nähgarn sorgfältig aufnähen.

11) Jetzt das Gummi in die Oberkante einziehen. Ich habe diesen Schritt bis fast zum Schluß aufgehoben da danach die Oberkante zusammengezogen ist und ein Aufbügeln von Vlieseline schwieriger (aber nicht unmöglich) ist. Die Sicherheitsnadel am Gummiband befestigen und durch unsere Nahtöffnung in den Tunnel ziehen. Auf-passen, dass das Gummiende nicht in den Tunnel gezogen wird! Nun das Gummi so eng ziehen, dass die obere Kante aufeinandergelegt ca. 13cm breit ist. Zum Zusammennähen des Gummis dieses noch ein Stück herausziehen und flach übereinander legen. Bitte darauf achten, dass es im Tunnel nicht verdreht wurde. Nun von Hand oder mit der Maschine im Zick-Zack-Stich miteinander vernähen – bitte nicht im Steppstich – sonst reißt die Naht bei Belastung!

12) Für die Dekoration des Deckels unseren Zackenkreis mittels eines 2-Komponentenklebers der sehr dünn und flächig auf Deckel und Stoff aufgetragen wird aufkleben, gut anpressen und trocknen lassen!

Galerie

Impressum:

Herausgeber

Drachenhörnchen & Schneckodil
Frank Rosendahl
Römerstrasse 25
72805 Lichtenstein

www.schneckodil-shop.de

Autorin

Monika Rosendahl, © 2014

Nestlé, BEBA und PRO sind eingetragene Marken der Societe des produits Nestlé S.R.
Nestlé gewährt der Autorin die nicht-exklusiven Nutzungsrechte der Packungen und
Nennung der Produktmarken BEBA®, PRO®, BEBA® PRO 1 und BEBA® PRO 2
zur Gestaltung und Realisation dieser Anleitung.

Design & Layout

Nadja Schindler
www.nadja-schindler-design.de

Für Estelle: "Es sind die kleinen, magischen Dinge des Alltags, die uns innehalten lassen und immer wieder aufs Neue verzaubern!"

Notizen